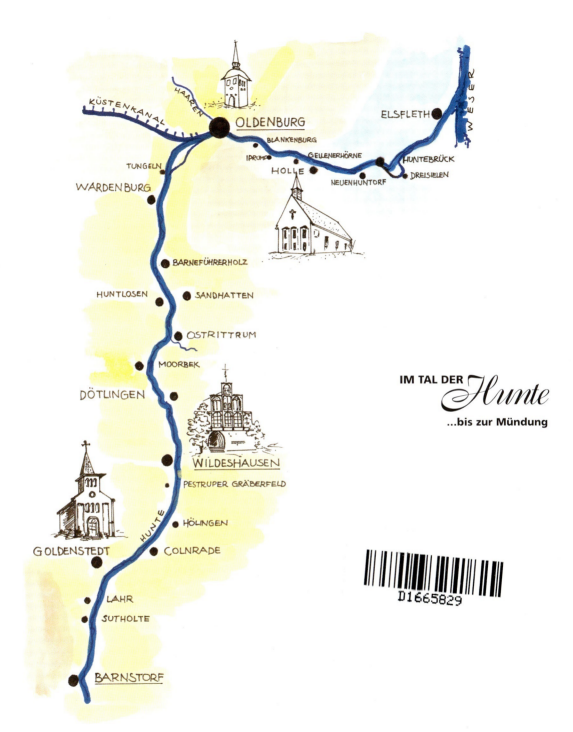

KÜSTENKANAL

HAAREN

OLDENBURG

ELSFLETH

WESER

BLANKENBURG

IPRUMP GELLENERHÖRNE

HUNTEBRÜCK

TUNGELN

HOLLE

NEUENHUNTORF

DREISIELEN

WARDENBURG

BARNEFÜHRERHOLZ

HUNTLOSEN

SANDHATTEN

OSTRITTRUM

MOORBEK

DÖTLINGEN

WILDESHAUSEN

PESTRUPER GRÄBERFELD

HUNTE

HÖLINGEN

GOLDENSTEDT

COLNRADE

LAHR

SUTHOLTE

BARNSTORF

IM TAL DER *Hunte*

...bis zur Mündung

D1665829

IM TAL DER  Hunte

von der Quelle bis zur Mündung

Reisebericht von Karl Heinz Hegeler

Fotos von Hans Gerd Hegeler-Burkhart

IM TAL DER *Hunte*

von der Quelle bis zur Mündung

Reisebericht von Karl Heinz Hegeler

Fotos von Hans Gerd Hegeler-Burkhart

Im Tal der Hunte –
von der Quelle bis zur Mündung

Reisebericht von Karl Heinz Hegeler
Fotos von Hans Gerd Hegeler-Burkhart
Grafik Hunteverlauf: Martin Hagelmann, Bad Zwischenahn
Oldenburg 2003

Wir danken für die Unterstützung
bei der Herausgabe des Buches dem Unternehmen:
MWG Wirtschaftsservice GmbH
www.mwg-michler.de
Wasserstraßen schaffen Arbeit!

Gesamtherstellung:
Lamberti Verlag GmbH, Oldenburg

Vertrieb direkt über :

Lamberti Verlag GmbH
Mellumstraße 15, 26125 Oldenburg
Tel. 04 41 / 340 499-0
Fax 04 41 / 340 499-14
email: info@lambertiverlag.de

oder über den Buchhandel

ISBN 3-9809116-0-8

„Ihr stolzen Wasser im deutschen Land,
Die Länder gürtend mit Silberband,
Frau Donau, Elbe, grüner Rhein,
Ich bitt' euch, schauet nicht spöttisch drein,
Läßt ein Poet sein Lied erschallen
Der kleinen Hunte zu Gefallen ..."
(K.-A. Mayer)

Mit diesen Zeilen eröffnet der Reiseschriftsteller Dr. phil. Karl-August Mayer, der als Gymnasiallehrer in den Jahren 1839 bis 1851 in Oldenburg tätig war, sein Gedicht „Die Hunte". In Buchform erschien das Gedicht 1851 im Verlag Heinrich Klesser in Oldenburg. Es schildert in 13 Stationen auf 103 Seiten in epischer Breite die Geschichte der Hunte, das Leben und Treiben ihrer Anrainer in sagenumwobener Vergangenheit und in zeitgenössischen Bildern.

Buch und Autor sind weitgehend in Vergessenheit geraten. Als Dokument an der Grenze des Biedermeier zum wachsenden Nationalbewusstsein mag das Buch auch heute noch seine Leser ansprechen. Einige seiner Verse sind deshalb in den nachfolgenden Text eingestreut und mit dem Hinweis auf den Autor versehen.

Karl Heinz Hegeler

Im Quellgebiet der Hunte bei Hustädte

Quellenforschung

Wir hatten es eigentlich schon immer vor, die Quelle unseres Heimatflusses, der Hunte, zu entdecken und seinen weiteren Lauf zu erkunden. Nachdem wir uns eine Katasterkarte und Topographische Karten mit eingezeichneter Huntequelle beschafft hatten, ließen wir uns beim Katasteramt Osnabrück bestätigen, dass die Huntequelle in der Flur 2 der Gemarkung Holzhausen und damit im heutigen Stadtgebiet von Melle liegt. Und so machten wir uns auf die Reise – mit dem Fahrrad! Bis Osnabrück waren wir mit der Bahn gefahren.

Sonniges Sommerwetter begleitet uns auf der Fahrt durch die hügelige und abwechslungsreiche Landschaft. Die Schelenburg bei Schledehausen und das Wasserschloss Gesmold liegen am Wege und lohnen einen Aufenthalt. Die in Fachwerk gebaute Jugendherberge in Melle am idyllisch gelegenen Grönbergpark lädt zum Verweilen und zur Übernachtung ein. Am frühen Morgen geht es in nördlicher Richtung weiter nach Oldendorf – von rechts grüßt die Diedrichsburg herab. Aber noch sind wir nicht im Tal der Hunte.

Wir folgen der L 92 in östlicher Richtung, 500 Meter hinter dem Wasserschloss Ostenwalde biegen wir links in den Moselerbergweg ein, halten uns immer rechts und sind nach 1500 Metern am Waldrand. Auf der Wasserscheide von Hase und Hunte – oder Ems und Weser – stehen wir 211,8 Meter über dem Meeresspiegel.

Wir steigen hinab – schattig und kühl ist es unter hohen Buchen. Und dann finden wir die in der Topographischen Karte eingezeichnete Huntequelle! Eine Beschilderung beseitigt jeden Zweifel. Von hier sollen es 187 Kilometer bis zur Mündung der Hunte in die Weser sein – so steht es auf der Tafel. Diese Angabe scheint veraltet zu sein, denn heute misst man 25 Kilometer weniger, wohl als Folge der vielen Begradigungen, die im 19. und 20. Jahrhundert durchgeführt wurden.

Die Karte zeigt an, dass die Huntequelle 190 Meter über dem Meeresspiegel liegt. Aber sie speist nicht allein das Rinnsal, das sich bald zum Bach erweitert und vor einigen Fischteichen aufgestaut wird. Zwölf Quellbäche zählt man, die sich schließlich zur Hunte vereinen. So gesehen sollte man besser den gesamten Quellbereich als den Ursprung der Hunte definieren.

Verwendete Abkürzungen:
B = Bundesstraße · L = Landesstraße · K = Kreisstraße

Oberlauf der Hunte bei Meißheide

Vom Quellbereich der Hunte
bis zum Mittellandkanal

„....Wo sind wir hier? Ruft auf dem Gang
Klein-Hunte mich an vom Bergeshang.
Und ich: ´S ist osnabrückisch Land,
Wo Justus Möser's Wiege stand.
Den Namen brauchst du nur zu nennen,
Will unterwegs dich niemand kennen...“

(K.-A. Mayer)

Ihren bewaldeten Quellbereich verläßt die Hunte an der K 408 bei Hustädte und durchfließt nun, von Ufergehölzen begleitet, Wiesen und weite Ackerflächen in der Meißheide und südlich von Meesdorf. Scharfe Absätze im engeren Talbereich verdeutlichen nacheiszeitliche Erosionskräfte. Heute ist das Huntebett auf eine Breite von rund drei Metern reduziert. Bei Hunte-

mühle schwenkt die Hunte aus ihrem östlichen Richtungsverlauf nach Norden auf den Kamm des Wiehengebirges ein. Bei der Huntemühle besteht noch ein Staurecht, weiter flussabwärts erinnert die Ruine einer Ölmühle an vergangene Zeiten.

Wir nähern uns nun auf der L 83 dem Durchbruch der Hunte im tief eingeschnittenen Tal der Porta bei Barkhausen. Und hier erwartet uns eine Sehenswürdigkeit von überregionaler Bedeutung: die Saurierfährten!

Vor rund 140 Millionen Jahren haben Riesenechsen wie der Megalosaurus ihre versteinerten Fußabdrücke hinterlassen, die heute durch eine Glaskonstruktion geschützt werden. Nachbildungen der Riesenechsen beleben das Areal, Schautafeln informieren die Besucher über das Leben der Saurier in der Juraformation des Erdmittelalters. Von einem Parkplatz an der L 83 ist das Ausstellungsgelände auf kurzem Weg gut erreichbar.

Blick über das Huntetal zum Wiehengebirge

Huntemühle bei Meesdorf

Die Saurierfährten bei Barkhausen

Nach dem Durchbruch an der Porta verringert sich das Gefälle der Hunte erheblich. Das erklärt den nun in vielen Windungen – Mäandern – dahinfließenden Huntelauf durch die Ortschaft Linne bis nach Rabber, eine der besonders eindrucksvollen und noch naturnahen Teilstrecken der Hunte in ihrem Oberlauf. Dann aber verbreitert sie sich, zeigt ein kanalartiges Profil und ist beidseitig eingedeicht. Ihr Wasser fließt nur träge dahin, denn in Wittlage wird sie aufgestaut und treibt dort ein Wasserkraftwerk an. Mit einer Fallhöhe von drei Metern und einer Leistung von 23 Kilowatt gibt es jährlich eine Energie von rund 104.000 Kilowattstunden in das öffentliche Stromnetz ab, das entspricht dem Bedarf von rund 25 Einfamilienhäusern.

Auf den letzten rund 400 Metern bis zum Mittellandkanal ist von der Hunte kaum etwas zu sehen. Sie unterquert hier verrohrt alte und neue Straßenkörper und sogar ein Gebäude! Und dann wird sie am Mittellandkanal seit seiner Fertigstellung vor dem 1. Weltkrieg durch einen Düker auf die Nordseite des Kanals unterführt. Dieser gewaltsame Einschnitt hat sich auf die Ökologie der Hunte katastrophal ausgewirkt, man denke nur an die abgeschnittene Fischwanderung.

Wir bleiben vorerst auf der Südseite des Kanals. Unweit der Wittlager Wassermühle liegt die ehemalige Stiftsburg, deren Gebäude heute vom Bildungs- und Sozialwerk Osnabrück e.V. genutzt werden.

> *„...Wittlage winkt uns dort, das Schloß;*
> *Da laß ein wenig uns verschnaufen.*
> *Ein Amtmann thront sammt Kanzelei*
> *Hier in der alten Komthurei..."*
>
> *(K.-A. Mayer)*

Die Stiftsburg wurde als Wasserburg um 1309 von den Osnabrücker Bischöfen zum Schutz gegen die Bischöfe von Minden und Münster sowie die Grafen von Diepholz erbaut. Die Machtbereiche dieser Landesherren stießen hier bis hinauf zum Dümmer unmittelbar aufeinander. Von der Stiftsburg sind nur der 32 Meter hohe Bergfried und die sie umgebende Graft erhalten. Die übrigen Gebäude der Anlage stammen aus dem 18. Jahrhundert, als bereits das Welfenhaus die Herrschaft über das Hochstift Osnabrück ausübte.

Linne – Hunte bei der ehemaligen Wassermühle Krietenstein

Eingedeichte Hunte bei Wittlage

Wasserkraftwerk bei Wittlage

Wittlage – Huntedüker am Mittellandkanal

Die ehemalige Stiftsburg Wittlage

Nachdem das Amt Wittlage im Zuge der Niedersächsischen Gebietsreform 1972 aufgelöst wurde, gehört der Ort Wittlage zur politischen Gemeinde Bad Essen im Landkreis Osnabrück. Und ein Abstecher nach Bad Essen lohnt sich allemal! Der bekannte Kurort hat viel Fachwerkromantik bewahrt. Malerisch gibt sich der Kirchplatz. Er ist von Linden umgeben und wird im Westen durch die St. Nikolaus-Kirche abgeschlossen. Sie ist eine spätmittelalterliche Gründung. Das ursprünglich einschiffige Bauwerk wurde im 17. Jahrhundert durch ein zweijochiges Seitenschiff erweitert. Im Innern beeindrucken besonders die Epitaphe der Adelsfamilien „von dem Bussche". Am südlichen Ortsausgang an der L 84 bietet eine ehemalige Wassermühle ein reizvolles Motiv.

Bad Essen – Am Kirchplatz

Bad Essen – Ehemalige Wassermühle

Vom Mittellandkanal
bis zum Dümmer

Wir kehren zurück nach Wittlage und überqueren dort die B 65 und den Mittellandkanal. Am Auslauf des Huntedükers halten wir inne, blicken auf das Wiehengebirge im Süden und nordwärts in das Huntetal – wir sind nun in der norddeutschen Tiefebene! Von hier aus nahm die Hunte noch vor einem halben Jahrhundert einen gewundenen Verlauf bis nach Ippenburg. Heute läuft sie gestreckt neben einem befestigten Wirtschaftsweg. Durch den profilmäßigen Ausbau dient sie als Vorfluter der Entwässerung angrenzender Ackergebiete und verlor an ökologischer Substanz. Im Rahmen eines Modellvorhabens hat man diesen Verlust durch Ausweitung des Profils, Einbau von Flügelbuhnen und Sohlgleiten gemildert. Zusätzlich hat die Flurbereinigung breite Randstreifen an der Hunte ausgewiesen. So wird der direkte Eintrag von Schadstoffen verhindert und Lebensraum für Wildkräuter und Tiere geboten. Ähnliche Maßnahmen wurden auch bis an den südlichen Ortsrand von Bohmte durchgeführt.

Begradigte Hunte mit Flügelbuhnen vor Ippenburg

Wir kommen jetzt auf dem nach Norden ausgerichteten Wirtschaftsweg nach Schloss Ippenburg. Es liegt linker Hand versteckt hinter hohen Laubbäumen, eingebettet in eine Wiesen- und Parklandschaft. Wir haben uns angemeldet und werden freundlich von Viktoria Freifrau von dem Bussche-Ippenburg begrüßt. Das im neugotischen Stil um 1865 erbaute Schloss und die in den letzten Jahren angelegten Gärten sorgen für immer neue Überraschungen. Alljährlich werden Tausende von Besuchern angezogen, wenn in den Sommermonaten das Schloss- und Gartenfestival stattfindet. Einige Male im Jahr öffnet Schloß Ippenburg auch seine Tore für alle, die an Musik-, Theater- und Literaturveranstaltungen Interesse und Freude haben.

Schloss Ippenburg

Neben Schloss Ippenburg befindet sich ein weiteres Kleinod in der Nähe. Es ist das Schloss Hünnefeld und liegt rund drei Kilometer westlich von Ippenburg. Besitzer ist Bent Freiherr von dem Bussche-Hünnefeld. Verwandtschaftliche Beziehungen der beiden Adelsfamilien gehen ins 15. und 16. Jahrhundert zurück, als Ippenburg und Hünnefeld gemeinsam verwaltet wurden.

Schloss Ippenburg – Blick von der Gartenseite

Die ehemalige Wasserburg Hünnefeld präsentiert sich als barockes Herrenhaus aus dem 17. Jahrhundert mit zwei Seitenflügeln, das von einer doppelten Graft umgeben ist. Der auf dem Wirtschaftshof stehende Taubenturm wurde im frühen 18. Jahrhundert errichtet, als die Taubenhaltung noch ein Privileg des Adels war. Hinter dem Herrenhaus liegt ein gepflegter Park mit seltenem Baumbestand. Nördlich des Herrenhauses läuft annähernd parallel zur Zufahrtsallee ein Gewässer, das in der Topographischen Karte als „Alte Hunte" bezeichnet ist. Sollte sich bei der Namensdeutung von Hünnefeld nicht ein Hinweis auf die Hunte ergeben?

Wir kommen zurück nach Ippenburg und fahren weiter auf dem schon erwähnten Wirtschaftsweg, der in der Nähe der Hunte bleibt und vor dem Daschfeld nach Westen auf Bohmte zu abknickt. Das Daschfeld ist seit einigen Jahren Naturschutzgebiet und wird von einem bogenförmigen Altarm der Hunte durchzogen, der in der Karte ebenfalls als „Alte Hunte" bezeichnet ist. Wenn man Glück hat, kann man eine Storchenfamilie beobachten, die in der Nähe neben einem landwirtschaftlichen Hof auf einem Leitungsmast ihren Neststandort hat.

Schloss Hünnefeld

Blick über das Naturschutzgebiet Daschfeld zum Wiehengebirge

Vor dem Naturschutzgebiet Daschfeld

Storchennest südlich vom Daschfeld

Bohmte bildet seit der Gebietsreform eine eigene politische Gemeinde. Der Ortsrand wird westlich von der Hunte umflossen, die hier den Lecker Mühlenbach aufnimmt. Dadurch wurde auch ihr Profil erweitert. Die landwirtschaftliche Nutzung der angrenzenden Flächen reicht bis unmittelbar an die Böschung, und das bleibt auch so im weiteren Verlauf der Hunte. Könnte das Beispiel oberhalb von Bohmte hier nicht Schule machen?

Der Ort weist noch einige schöne alte Fachwerkbauten auf, so die Hofanlage Wellner an der Ortsdurchgangsstraße und den „Bohmter Kotten", der 1783 errichtet und 1989 von der Gemeinde Bohmte saniert wurde.

Auf der Weiterfahrt passieren wir in Höhe von Bruchheide vor der Einmündung auf die K 420 geschichtsträchtiges Gelände. Es wird von Historikern vermutet, dass die drei Legionen des römischen Feldherrn Varus nördlich an Bohmte vorbeizogen, bevor sie bei Kalkriese von germanischen Stämmen aufgerieben wurden.

Bohmte – Am Fachwerkhof Wellner

Am „Bohmter Kotten"

„….Doch weiter jetzo durch die Lande,
Sieh Hunteburg an deinem Rande!
Hier eilt dir die Schwester Else zu,
Und mischt die Wellen mit den deinen.
Ihr schwatzt und wandert immer zu,
Und spielt mit Blumen und mit Steinen.
Weißt du's auch, Hunte, armer Bach?
Du warst nicht immer so klein und schwach.
Salzschiffe stiegen deinen Lauf

Bis Hunteburg vordem herauf;
Salzsäcke Lüneburg's ohne Zahl
Hast du geschleppt einst für das Mahl
Des Bischofs dort zu Osnabrück,
Und ihm gewürzt manch Bratenstück,
Wie's heut Prälaten noch behagt.
Herr Justus Möser hat's gesagt…"

(K.-A. Mayer)

26

Die nächste Station unserer Reise ist Hunteburg. Der Name verrät, dass dort einmal eine Burg stand. Wie in Wittlage war sie eine Stiftsburg und aus gleichem Anlass 1324 vom Osnabrücker Bischof errichtet worden. Im Dreißigjährigen Krieg wurde sie zerstört. An ihrer Stelle steht heute das ehemalige Amtshaus. Nur wenige Meter entfernt überspannt eine alte Doppelbogenbrücke einen abgeschnittenen Seitenarm der Hunte. Ein Stein vor der Brücke erinnert mit einer lateinischen Inschrift an Ernst August, Bischof von Osnabrück, der im Jahre 1720 das Fundament der Brücke für seine Nachwelt erbauen ließ. Eine Brücke gleicher Bauart und auch wohl gleichen Alters überbrückt die Hunte rund einen Kilometer weiter nördlich. Sie wird als „Römerbrücke" bezeichnet, stammt aber sicher nicht aus der Römerzeit.

Von der alten Ölmühle in Hunteburg ist kaum etwas erhalten. Das Staurecht wurde in den 1950er Jahren abgelöst, um eine der Voraussetzungen für die Vertiefung und den Ausbau der Hunte zu schaffen.

Hunteburg – Bischofstein vor Doppelbogenbrücke von 1720

Hunteburg – An der „Römerbrücke"

Hunteburg – Blick zur alten Ölmühle

Die katholische Kirche in Hunteburg

Von den beiden Kirchen Hunteburgs hat die katholische Kirche eine bemerkenswerte und interessante Vergangenheit. Sie wurde um 1660 als Saalbau errichtet, hatte aber eine Vorgängerin aus der Zeit um 1500. Nach dem Dreißigjährigen Krieg diente sie als Simultankirche. Christen beider Konfessionen nutzten sie, bis 1817 die evangelische Kirche erbaut wurde. In den Jahre 1946 bis 1950 wurde die katholische Kirche bedeutend erweitert. Ihr Inneres birgt wertvolle Skulpturen aus dem 12. und 13. Jahrhundert.

Die evangelische Kirche, ein schlichter Saalbau, beeindruckt durch ihre klassizistische Ausstattung.

Wir verlassen Hunteburg, fahren an dem alten Rittersitz Streithorst vorbei, überqueren den Bornbach, wechseln beim Schäferhof auf die Ostseite der Hunte und nähern uns nun dem Dümmer:

„....Das ist der Dümmer-See, mein Kind.
Fass' Muth und stürze hinein geschwind.
Schilfinseln liegen hier zerstreut,
Wo wildem Gevögel sich Wohnung beut;
Links breitet sich weit das braune Moor.
Du aber trittst aus deinem Bade
In keckem Muthe frisch hervor,
Und rufst den Ufern zu: Ich lade
Zu Zeugen euch, dass ich's errungen.
Gleich wie der Rhein den Bodensee
Mit starken Armen hat bezwungen,
So ich, die Hunte, den Dümmer-See!
Hier konnt' ich, was ich ward, beweisen,
Und will jetzt Fluß, nicht Bach mehr heißen...“
(K.-A. Mayer)

Die evangelische Kirche in Hunteburg

Einmündung des Bornbaches in die Hunte

Durch das Naturschutzgebiet Ochsenmoor führt ein Wirtschaftsweg zur Südwestecke des Dümmers, in die die Hunte einmündet. Sie hat uns auf ihrem Lauf vom Quellgebiet bis zum Dümmer auf einer Länge von 40 Kilometern begleitet und ist von einem Bächlein zu einem 20 Meter breiten Fluss geworden. Hier nun müssen wir einen Augenblick verweilen, um auf das wohl leidigste Problem im Huntetal hinzuweisen, nämlich auf die zunehmende Verschlammung im Dümmer. Wie ist es dazu gekommen?

Bis vor 50 Jahren wurde die Dümmerniederung alljährlich von Überschwemmungen heimgesucht, die vor allem die Landwirtschaft trafen. Dann standen bis zu 10000 Hektar unter Wasser, denn die Ausläufer des Dümmers konnten das Hochwasser nicht in kurzer Zeit abführen. Durch den Hunte-Wasserverband wurde deshalb der Dümmer eingedeicht und zum Hochwasser-Rückhaltebecken umfunktioniert. Der 1953 abgeschlossenen Eindeichung war der Ausbau eines Randkanals vorausgegangen, der den Dümmer westlich umgeht und unterhalb von ihm in die Hunte einmündet. Der Randkanal dient als Vorfluter für südlich und westlich des Dümmers liegende Randflächen. Zu diesem Zeitpunkt war nicht abzusehen, dass ein Folgeproblem entstand, das bis heute Fachdienststellen und Verbände beschäftigt. Oberhalb ihrer Einmündung in den Dümmer wurde und wird die Hunte durch Nährstoffeinträge belastet, die auf Einleitung von Abwässern, Oberflächenabspülungen und Dränungen zurückzuführen sind. Als Hauptverursacher gilt der erwähnte Bornbach, dessen Einzugsgebiet bis nach Damme reicht.

Einmündung der Hunte in den Dümmer, in Fliessrichtung gesehen

Die Nährstoffeinträge verursachen in den Sommermonaten eine extreme Bildung von Algen. Davon ist in besonderem Maße der südliche und südwestliche Teil des Dümmers betroffen. Seine Selbstreinigungskraft reicht dann nicht mehr aus. Die geringe Fließgeschwindigkeit und der durch die ungehemmte Ausbreitung der Algen bewirkte Sauerstoffentzug fördern den Vorgang. Nach ihrem Absterben sinkt die Biomasse auf den Grund des nur rund 1,2 Meter tiefen Dümmers und verschlammt ihn zunehmend. Die negativen Auswirkungen auf die Tier- und Pflanzenwelt und schließlich auch auf den Tourismus können nicht bagatellisiert werden. Der Hunte-Wasserverband und die Vechtaer Wasseracht beabsichtigen – nach einer Gesamtplanung des Niedersächsischen Landesbetriebes für Wasserwirtschaft und Küstenschutz –, die Sanierung des Dümmers im wesentlichen durch die Umleitung des Bornbaches in den Randkanal sicherzustellen.

Holzbrücke über die Hunte vor der Einmündung in den Dümmer

Wir waren 400 Meter vor der Einmündung der Hunte in den Dümmer stehen geblieben. Eine Holzbrücke führt uns auf die andere Uferseite und auf dem Deichweg geht es auf der Westseite des Dümmers nordwärts. Wir verlassen den Landkreis Osnabrück und sind auf der oldenburgischen Seite im Landkreis Vechta. Von der Aussichtsplattform vor dem Olga-Hafen genießen wir den Blick auf den Dümmer und auf die gegenüber liegende Seite nach Lembruch und Hüde. Der Deichweg läuft auf den Nordrand des Sees zu. Das erste Auslaufbauwerk der Hunte ist gesperrt, aber bei Lembruch sorgen die Ausläufe in die Lohne und in die Grawiede für einen geordneten Abfluss des Dümmerwassers.

Blick vom Westufer auf den Dümmer

Am Olga-Hafen in Dümmerlohausen

Abendstimmung am Dümmer bei Hüde

Vom Dümmer
bis Wildeshausen

Durch die Huntebruchwiesen schlängelt sich unser Weg auf Diepholz zu, die letzten Kilometer legen wir auf auf der B 51 zurück.

Diepholz ist Stadt und Verwaltungssitz des gleichnamigen Landkreises. Die Altstadt empfängt uns beim ehemaligen Schloss mit seinem weithin sichtbaren Turm, dem Wahrzeichen der Stadt. Hier hatten sich im 12. Jahrhundert die Edelherren von Diepholz im Sumpf und Bruchwald eine Wasserburg angelegt, in deren Schutz sich eine Siedlung entwickelte. Von der mittelalterlichen Anlage blieb nur der Turmsockel aus Granitblöcken erhalten. Nach den Zerstörungen im Dreißig-jährigen Krieg begann der Wiederaufbau. Aus dieser Zeit stammt auch die welsche Haube, die dem Turm sein markantes Gepräge gibt.

Gegenüber dem Schloss liegt vor dem Müntepark die „Alte Münte" (Münze), ein stattlicher Fachwerkbau von 1636, der um 1980 renoviert und zu einem gastronomischen Mittelpunkt wurde.

Fast noch im Schatten des Schlossturmes liegt auch die evangelische Pfarrkirche, ein klassizistischer Saalbau mit Westturm und in weißem Putz. Die Kirche wurde anfangs des 19. Jahrhunderts errichtet.

Blick von der Huntebrücke auf die Huntebruchwiesen

Schloss Diepholz

Die „Alte Münte" in Diepholz

Gemeindehaus und Turm der evangelischen Pfarrkirche in Diepholz

Evangelische Pfarrkirche in Diepholz – Blick zum Altar

Die Altstadt gibt sich trotz vieler moderner Veränderungen in der Gebäudesubstanz immer noch reizvoll. Hierzu trägt die Ensemblewirkung von giebelständigen Häusern bei, so in der Langen- und in der Ledeburgstraße und entlang der Lohne. Merkwürdig bleibt, dass die Hunte ihren Namen im Stadtgebiet von Diepholz abgegeben hat. Sie führt hier die Bezeichnung „Wätering" und wird erst nach der Vereinigung mit der Lohne und ihren Seitenarmen wieder zur Hunte.

Auf der B 69 geht es hunteabwärts bis Gut Falkenhardt, dort biegen wir rechts ab zur Hengemühle. Der Speicher der ehemaligen Wassermühle aus dem 18. Jahrhundert steht noch, Mahlsteine und das Schaufelrad liegen verstreut unter hohen Bäumen und bilden eine romantische Kulisse.

Diepholz – Giebelfront an der Lohnestraße

Diepholz – Blick von der Ledeburgstraße zum Rathaus

Hengemühle – Der Speicher der ehemaligen Wassermühle

Hengemühle – Das Schaufelrad der ehemaligen Wassermühle

An die Stelle der Wassermühle trat ein Stauwehr, dem bis Wildeshausen noch viele Stauwehre folgen. Ab hier hat die Hunte ihren alten gewundenen Lauf verloren und wurde zum kanalartigen Fließgewässer. Bei Heede nimmt sie die Grawiede und damit den letzten Ableiter vom Dümmer auf.

Ein ähnliches Bild vergangener Mühlenherrlichkeit bietet sich uns in Drebber, unserer nächsten Station. Zwar bildet der schöne Fachwerkhof mit seinen Nebengebäuden und dem alten Mühlenhaus eine gepflegte und malerische Anlage, aber die Drebbermühle ist nach dem Ausbau der Hunte in den 1960er Jahren völlig vom Wasser abgeschnitten – ein herbes Opfer für die Melioration.

Das Stauwehr I der begradigten Hunte bei Hengemühle

Jacobidrebber – Die ehemalige, von der Hunte abgeschnittene Drebbermühle

Drebber wird seit altersher durch die Hunte geteilt. Im Westen liegt Mariendrebber, im Osten an der B 51 Jacobidrebber. Beide Orte werden in einer Urkunde von 1280 bereits erwähnt, doch scheint Mariendrebber die Urgemeinde zu sein, in der die Edelherren von Diepholz eine Eigenkirche besaßen. Als Stiftskirche St. Marien war sie auch die Grablege der Edelherren und späteren Grafen von Diepholz bis 1585. In diesem Jahr war der letzte Graf – Friedrich II. – verstorben. Die Grafschaft Diepholz und damit auch Drebber fielen an die Herrschaft Braunschweig-Lüneburg.

Friedrich II. hatte sich noch zu Lebzeiten seinen Sarkophag anfertigen lassen. Das Sandsteinmonument mit einer lebensgroßen liegenden Darstellung des Grafen steht im südlichen Querhaus der Kirche. Über der Empore beeindruckt der Prospekt der 350 Jahre alten Barockorgel, die von dem berühmten Orgelbaumeister Berend Huß geschaffen wurde. Das Fehlen des nördlichen Querhauses ist bis heute ungeklärt und gibt Anlass zu Spekulationen.

Die St. Marienkirche in Mariendrebber

Mariendrebber – Historische Orgel in der St. Marienkirche

Mariendrebber – Sarkophag des Grafen Friedrich II. in der St. Marienkirche

Die St. Jacobikirche, ebenso wie die St. Marienkirche ein spätgotischer Backsteinbau, überrascht im Innern durch dekorative Malereien aus dem 15. Jahrhundert, die Christus als Weltenrichter und Szenen aus dem Marienleben zeigen. Die Emporen zieren alttestamentliche Darstellungen von Adam und Eva bis hin zu David und Goliath. Ihre Entstehungszeit wird dem ausgehenden 17. Jahrhundert zugeordnet.

Die St. Jacobikirche in Jacobidrebber

Auf der Weiterfahrt kommen wir durch Cornau, wo die Hunte die B 51 unterquert. Cornau war mit einer Wasserburg Stammsitz der späteren Grafen von Diepholz, der dann aber – wohl aus Sicherheitsgründen – im 12. Jahrhundert nach Diepholz verlegt wurde. Hinter der Huntebrücke verlassen wir Cornau und folgen dem nach Osten ausschwingenden Huntelauf. In Rechtern stoßen wir auf des Stauwehr V der begradigten Hunte. Unterhalb von Rechtern nimmt sie die Wagenfelder Aue auf und knickt nach Nordwesten ab. Bald erreichen wir Barnstorf.

Jacobidrebber – Blick zum Chorraum und Altar der St. Jacobikirche

Die St. Veitkirche in Barnstorf

An der Westseite der Hunte erhebt sich auf hohem Ufer die St. Veitkirche.

Barnstorf gilt als Urpfarrei im südlichen Lerigau und wurde bereits in karolingischer Zeit gegründet. Sie unterstand dem Patronat des Klosters Corvey. Die St. Veitkirche, ein Saalbau, wurde aus Backstein im frühen 13. Jahrhundert errichtet. Noch ganz im Stil der Spätromanik zeigt sie dies am eindrucksvollsten, wenn man die Kirche betritt und die ausgewogene Architektur mit den breiten halbrunden Gurt- und Schildbögen auf sich wirken lässt.

In der St. Veitkirche in Barnstorf

Barock dagegen und ungewöhnlich der heute im Turmraum befindliche Altar, der ursprünglich in der Apsis stand. Das Altarbild mit dem gekreuzigten Christus stellt bedeutungsvoll die Verbindung zur Predella her, deren Bild die Opferung Isaaks darstellt.

Von der Kirche führt ein schmaler Gang unter hohen Bäumen zu dem Pfarrhaus, das mit seinem prächtigen Fachwerkgiebel an Bauernhöfe aus dem 18. Jahrhundert erinnert.

Pfarrhaus und St. Veitkirche in Barnstorf

Auf der L 344 kommen wir hinter Rödenbeck wieder ins Oldenburgische, in den Landkreis Vechta. Ein ausgeschilderter Sandweg, die Lahrer Straße, verweist auf das ehemalige Gogericht Sutholte. Hier wurde einst Recht gesprochen! Ein Kranz von Findlingen, der einen größeren Granitstein umgibt, und eine Informationstafel erinnern an die unruhigen Zeiten, als das Gogericht Zankapfel der Diepholzer Grafen – später der Lüneburger Herrschaft – und des Bistums Münster war.

Am ehemaligen Gogericht Sutholte bei Lahr

In Lahr führt ein Feldweg an malerisch gelegenen Fischteichen vorbei an das westliche Hunteufer. Am Stauwehr blicken wir auf die Hunte, die sich hier in einem sanften Bogen harmonisch in die Landschaft einfügt. Auf der gegenüber liegenden Seite breitet sich der Forst Markonah aus.

Von Lahr aus geht der Feldweg nach Fredelake, und dann stehen wir vor der sagenumwobenen „Goldenen Brücke" bei Goldenstedt. Die Sage erzählt, dass einst ein Graf von Diepholz und seine ihm in Schweden angetraute junge Gemahlin auf der Heimreise beim Hunteübergang begeistert von ihren Untertanen empfangen wurden. Darob hocherfreut soll die Gräfin eine Menge Goldgulden unter das Volk geworfen haben. Seit jener Zeit heißt die Huntebrücke „Goldene Brücke" und der Ort danach Goldenstedt. – Wer's glaubt, zahlt einen Taler!

Am Stauwehr 3 der begradigten Hunte bei Lahr

Auf der „Goldenen Brücke" bei Goldenstedt

Blick auf die Hunte bei der „Goldenen Brücke"

Goldenstedt besitzt zwei Kirchen, die katholische St. Gorgonius und die evangelisch-lutherische, letztere seit 1850. Bis dahin gab es in Goldenstedt das so genannte „Simultaneum mixtum". Evangelische und katholische Christen feierten ihren Gottesdienst gemeinsam, allerdings unter sehr merkwürdigen Umständen: Zum Hochamt kamen auch die Protestanten, wobei der protestantische Küster Lieder aus dem lutherischen Gesangbuch anstimmte, die von dem katholischen Organisten begleitet wurden.

Vor der evangelischen Kirche in Goldenstedt

„...Es raufen sich wohl dreihundert Jahre
Die Confessionen hier die Haare,
Kriegführend um das Gotteshaus;
Brandfackeln haben sie geschwungen,
Der blutige Mord ist eingedrungen,
Doch keiner trieb den Andern aus,
Und Sonntags eint in gleicher Stunde
Zur Andacht sie des Tempels Runde.
An Mess' und Predigt die Katholiken
Mit ihrem Priester sich erquicken;
Daneben sitzen als Hospitanten
Mit ihrem Küster die Protestanten.
Sie donnern Jenen im lauten Chor
Ein Lied von Dr. Martin vor,
Indeß man dort den Weihrauch schwingt,
Indeß des Sanktus Glöcklein klingt.
Wohl seltsam ist es, wenn, getragen
Vom Spiel des päpstlichen Organisten,
Ein feindlich Lied die Andern wagen,
Geführt vom Küster, dem Bassisten:
„Bewahr' uns Herr, mit deinem Wort
„Vor Papstthum und der Leute Mord!"
O hätte Friede hier gewaltet,
Nicht wollt' ich schelten den alten Brauch;
In eures Kirchleins Räumen auch
Hätt' ich die Hände gern gefaltet.
Ein Gott ist's ja, zu dem wir beten:
Warum vereint nicht vor ihn treten?
Doch sieh! Der Gegner räumt das Feld;
Ein neues Kirchlein ist erstanden;
Ein Pfarrherr auch ward jüngst bestellt,
D'rin zu erbauen die Protestanten ..."

(K.-A. Mayer)

Historischer Ortskern in Goldenstedt mit der katholischen Kirche

Die evangelische Kirche ist ein schlichter Ziegelbau, auf einem flachen Granitsockel errichtet. Sie wurde im neoromanischen Stil nach Plänen des Oldenburger Stadtarchitekten Hillerns errichtet. Der Südgiebel mit dem Turm bildet die Eingangsfassade. Schlicht ist auch das Innere der Kirche, das 1999/2000 unter Anpassung an den Originalzustand restauriert wurde.

Die katholische Kirche in ihrer heutigen Form wurde 1908 – 1910 als dreischiffige Hallenkirche in roten Ziegeln auf einem Granitsockel errichtet. Der stattliche Bau mit hohem Westturm überragt weithin den Ort und seine Umgebung. Portale, Fenster und die innere Jocheinteilung weisen zurück auf einen spätromanisch-frühgotischen Übergangsstil.

Hunteabwärts sind es noch sechs Kilometer bis Colnrade. Dort halten wir vor der Huntebrücke an. Über dem Tal des Flusses erhebt sich der geschlossen wirkende Ortskern mit der Kirche – ein eindrucksvolles Motiv!

Blick von der Huntebrücke auf Colnrade

Die Kirche wurde 1857 als Saalbau in Ziegelmauerwerk errichtet, das auch den Turm über der Westwand umschließt. Colnrade hat eine bunte Vergangenheit. Nach dem Aussterben des Diepholzer Grafenhauses war es mehr als 200 Jahre Streitobjekt zwischen Münster und dem Hause Braunschweig-Lüneburg, bis es 1817 an Hannover fiel. Unter dieser Herrschaft gehörte es ab 1820 zum Amte Harpstedt, ab 1859 zum Amte Freudenberg bei Bassum. Nach der Annektierung Hannovers durch Preußen im Jahre 1866 wurde Colnrade 1884 Teil der Kreises Syke und mit diesem 1932 zum Kreis Grafschaft Hoya geschlagen. Im Zuge der Niedersächsischen Gebietsreform wurde Colnrade 1974 als Einzelgemeinde Teil der Samtgemeinde Harpstedt und mit dieser schließlich 1977 dem Landkreis Oldenburg angegliedert.

Das Pestruper Gräberfeld

Unsere Fahrt führt auf Feldwegen weiter nach Hölingen, wo wir wieder auf die Westseite der Hunte wechseln. An der K 248 liegt linker Hand das Pestruper Gräberfeld. Die Heide steht in voller Blüte, Besucher durchstreifen das über 30 Hektar große Naturschutzgebiet. Es ist eines der am besten erhaltenen Hügelgräberfelder aus der späten Bronze- und frühen Eisenzeit. Über 500 Grabhügel hat man gezählt. Sie bergen in Urnen die Knochenasche der Verstorbenen – oft mit Bronzegeräten als Beigaben.

Nachdenklich fahren wir hinüber ins Pestruper Moor und in die Moormarsch des Huntetales. In einem weit nach Westen gerichteten Bogen fließt die Hunte auf Wildeshausen zu – 100 Kilometer hat sie bis hierher zurückgelegt. 14 Stauwehre haben wir ab Hengemühle an der begradigten Hunte gezählt, in Abständen von jeweils rund drei Kilometern.

Hunteschleife vor Wildeshausen

Am Burgberg in Wildeshausen

Das Huntetal hat auf dieser Strecke seine Ursprünglichkeit und manches von seiner landschaftlichen Schönheit verloren. Der in den fünfziger und sechziger Jahren des vergangenen Jahrhunderts durchgeführte kanalartige Ausbau der Hunte folgte Forderungen und Zielen, die mit Hochwasserschutz und verbesserten landwirtschaftlichen Ertragsbedingungen umrissen werden können. Das Wissen um ökologische Zusammenhänge in einer Flusslandschaft war erst in Ansätzen vorhanden. Bedenken gegen Meliorationsverfahren wurden mit dem Hinweis auf Produktionszwänge in der Landwirtschaft zurück-

gewiesen, in drastischer Form mit dem Brecht-Zitat: „Erst kommt das Fressen, dann die Moral."

Wir sind in Wildeshausen, der ältesten Stadt an der Hunte, angekommen. Sie ist heute Kreisstadt und seit 1988 Verwaltungszentrum des Landkreises Oldenburg.

Aus dem Dunkel der mittelalterlichen Geschichte tritt Wildeshausen – als Wigaldinghus erstmals erwähnt – im Jahre 851 ans Licht, als Graf Waltbert, Enkel der Sachsenherzogs Widukind, die Gebeine des heiligen Alexander von Rom nach hierher überführte. Die von zwei Mönchen in Fulda

Die St. Alexanderkirche in Wildeshausen

niedergeschriebene „Translatio St. Alexandri" enthält den bedeutsamen Hinweis, dass sich während der Überführung und später auch in Wildeshausen Heilungswunder an Kranken und Gebrechlichen gezeigt hätten.

Diese Geschehnisse haben der Missionierung sicherlich starke Impulse gegeben. Mit der Gründung eines geistlichen Stifts durch Graf Waltbert wuchs die Bedeutung des Ortes. Auch trug seine Lage an der Fernstraße von Hamburg in die Niederlande wesentlich zur Belebung des Handels bei – Wildeshausen blühte in der Ottonenzeit auf.

Im 11. Jahrhundert kam Wildeshausen an die Billunger, die die Vogteirechte an eine Seitenlinie des Oldenburger Grafenhauses übertrugen. Um 1150 gründete Graf Heinrich die Burg Wildeshausen, deren Hügel noch heute steht. Als 1270 die Seitenlinie ausstarb, sicherte sich das Erzstift Bremen den Besitz und verlieh Wildeshausen Stadtrechte. In den Wirren der Reformationszeit geriet die Stadt unter den Einfluss des Bistums Münster. Nach der Ermordung eines Priesters wurde Wildeshausen 1529 vom Bischof von Münster erobert und seiner Stadtrechte beraubt. Der Bischof ließ den Bürgermeister enthaupten und die Stadtmauern zerstören.

Am Rathausplatz in Wildeshausen

Im Dreißigjährigen Krieg fiel Wildeshausen an Schweden, 1700 an das Kurfürstentum Hannover. Durch den Reichsdeputationshauptschluss von 1803 wurden Amt und Stadt Wildeshausen dem Herzogtum Oldenburg angegliedert. Bei Oldenburg (zunächst Großherzogtum, nach 1918 Freistaat und nach dem 2. Weltkrieg Verwaltungsbezirk des Landes Niedersachsen) blieb dann Wildeshausen, bis das ehemalige Land Oldenburg und damit auch Wildeshausen seit der Gebietsreform der 1970er Jahre in den Regierungsbezirk Weser-Ems von Niedersachsen aufging.

Bedeutendstes Bauwerk in der Stadt ist die St. Alexanderkirche, die einzige Basilika im alten Oldenburger Land. Sie wurde als Stiftskirche noch zur Grafenzeit im 13. Jahrhundert erbaut, und zwar im gebundenen System: Den drei Mittelschiffjochen sind in den Seitenschiffen jeweils sechs Joche zugeordnet. Querschiff und quadratischer Chor schließen den imposanten Bau im Osten ab.

Das Rathaus, ein Backsteinbau aus dem frühen 15. Jahrhundert, akzentuiert mit seinem gotischen Treppengiebel den Mittelpunkt der Stadt.

Zurück an die Hunte! Sie wird in Nachbarschaft zur St. Alexanderkirche aufgestaut und treibt ein Wasserkraftwerk an, das in privater Initiative vor dem Verfall gerettet und ausgebaut wurde und seit 1983 im Jahr knapp eine Million Kilowattstunden in das öffentliche Stromnetz abgibt.

Das Hunte-Wasserkraftwerk in Wildeshausen

Von Wildeshausen bis Oldenburg

Unterhalb von Wildeshausen zeigt sich die Hunte auf weiten Strecken noch als natürliches Fließgewässer. Rasch und ungebändigt eilt sie dahin – doch das war nicht immer so.

Vor 200 Jahren floss die Hunte ruhiger und in vielen Windungen von Wildeshausen nach Oldenburg. Altes Kartenwerk belegt, dass die Hunte auf dieser Strecke rund 61 Kilometer durchlief. Heute sind es rund 42 Kilometer, eine Folge der Begradigungen und Durchstiche seit jener Zeit.

Hunteschleife bei Dötlingen

Durch die Verkürzung vergrößerte sich das Gefälle und damit die Fließgeschwindigkeit der Wassermassen. Die Auswirkungen auf das Flussbett wurden jedoch neutralisiert nach dem Einbau von vier Stauwehren für die ab 1872 eingerichtete Rieselwirtschaft (Bewässerung sandiger Böden) in den Huntewiesen zwischen Dötlingen und Tungeln.

Als die Rieselwirtschaft um 1960 eingestellt wurde, gab man auch die Stauwehre auf. Das führte bis heute zu einem ungehinderten Ablauf der Wassermassen: Erosionsschäden an den Ufern und an der Flusssohle sind die Folgen. Besonders deutlich zeigt sich das an den Hunteschleifen bei Dötlingen.

Die Hunte-Wasseracht als zuständiger Wasser- und Bodenverband hat in jüngster Zeit damit begonnen, alte Hunteschleifen wieder zu öffnen. So oberhalb von Dötlingen zwischen Badberg und der Wiekau, wo man der Hunte 1000 Meter ihres alten Flussbettes zurückgab. Gleichzeitig hat man hier durch die Anlage eines Wanderweges und den Bau eines Holzsteges das Huntetal für Wanderer und Erholungsuchende erschlossen.

Dötlingen gilt mit Recht als schönstes Dorf im Naturpark Wildeshauser Geest. Die aus romanischer Zeit stammende Feldsteinkirche St. Firminius, der nach den Zerstörungen im 2. Weltkrieg wieder in Fachwerk aufgebaute Tabkenhof und die tausendjährige Eiche bilden eine Einheit von unvergleichlichem Reiz – hier ist ein Superlativ gerechtfertigt!

Pfarrhof und St. Firminiuskirche in Dötlingen

Der Tabkenhof und die uralte Dorfeiche in Dötlingen

Das hoch am Hunteufer gelegene alte Haufendorf hat viel von seiner Eigenart und Romantik bewahren können. Schon vor dem 1. Weltkrieg zog es Maler wie Otto Pankok, Bernhard Müller vom Siel und August Kaufhold an.

Auf einem Wanderweg, dem Huntepad, kommt man über einen Holzsteg auf die gegenüber liegende Seite der Hunte zur „Glaner Braut."

Am Großsteingrab „Glaner Braut" bei Dötlingen

Es sind zwei Großsteingräber, die vor rund 5000 Jahren errichtet wurden. Sie gehören in eine Reihe von jungsteinzeitlichen Grabanlagen, die auf Grund ihrer Häufigkeit im Bereich der Wildeshauser Geest zwischen Wildeshausen und Ahlhorn auf eine relativ hohe Besiedlungsdichte schließen lassen.

Wir sind nach Dötlingen zurück gewandert und fahren bei der ehemaligen Ölmühle über die Huntebrücke nach Moorbek. In idyllischer Lage präsentiert sich hinter dem Mühlenteich der Fachwerkhof von Gut Moorbeck, seit Jahrzehnten ein beliebtes Ausflugsziel.

Alter Gasthof und Mühlenteich von Gut Moorbeck

Ein Wanderweg führt an die Hunte und über den Steg zu einer hohen Düne. Weit geht der Blick über das Huntetal, jenseits der Huntewiesen erstreckt sich das Naturschutzgebiet Poggenpohlsmoor.

In Westrittrum überqueren wir wieder die Hunte und halten in Ostrittrum an. Die alte Wassermühle am Rittrumer Mühlenbach wurde vorbildlich restauriert, das benachbarte Landhaus und der großzügig angelegte Tierpark locken Besucher von nah und fern an.

Huntesteg und Düne vor Rittrum

An der ehemaligen Wassermühle in Ostrittrum

In den „Rittrumer Bergen" bei Ostrittrum

Eine Wanderung in die „Rittrumer Berge" lassen wir uns nicht entgehen. Der Steilhang von der hohen Geest hinunter ins Huntetal wird von einem Saum alter Buchen geprägt. Skurril mutet das Wurzelwerk an, das den Bäumen Halt gibt. Phantastische Gebilde beleben das Stammholz wie in einer Märchenwelt.

Von Ostrittrum geht der Weg über eine Geestkuppe nach Sandhatten, einem alten Eschdorf. Wir haben hier den bewaldeten Dünenzug der Osenberge erreicht.

„...Wer euch, ihr Osenberge, schaut,
Dich, kleine Schweiz, aus Sand gebaut;
Schwört, daß hier Stoff genug vorhanden,
Europas Akten zu übersanden;
Stoff, alle Dinte aufzuschlucken,
In welche Autorenfedern zucken;
Stoff, alle Papiere zu überfluten,
D'rauf Gänsekiele sich verbluten –
Wär' in der Welt auch jede Hand
Schreibeifrig, wie in deutschem Land..."

(K.-A. Mayer)

Bei Sannum überbrückt ein Steg die Hunte, die am Waldrand unter Eichen und Buchen rasch dahinfließt – eine der landschaftlich reizvollsten Teilstrecken im Huntetal!

Inmitten des Waldgebietes stoßen wir an den Rand der ehemaligen Rieselwiesen im Barneführerholz, die vor Jahren als Feuchtgebiete ausgewiesen wurden. Durch die Wiedervernässung dieses rund 40 Hektar großen Gebietes wurden Rückzugsflächen für bedrohte Tierarten geschaffen. Die Vegetation hat sich im Laufe weniger Jahre zu einer artenreichen Feuchtwiesenflora gewandelt.

Wir folgen nun dem Jade-Wanderweg, der uns nach dem Überqueren der Bahnstrecke Oldenburg-Osnabrück wieder an die Hunte führt. Bald verlassen wir das Barneführerholz. Auf dem vor Jahren erhöhten Huntedeich geht es vorbei an Astrup und Wardenburg auf Tungeln zu.

Die Erhöhung und Verstärkung des Deichkörpers wurde notwendig, nachdem im März 1981 die Deiche gebrochen waren

Am Huntesteg bei Sannum im Barneführerholz

Ehemalige Rieselwiesen im Barneführerholz

und über 1000 Hektar in der Gemeinde Wardenburg unter Wasser standen. Eine erneute Hochwasserkatastrophe konnte 1998 durch den Einsatz der Bundeswehr und ortsansässiger Kräfte gerade noch abgewendet werden.

Schafe auf dem Huntedeich am Barneführerholz

Glockenturm vor der Marienkirche in Wardenburg

Bei Tungeln verläßt die Hunte ihr altes Bett. Sie verlief ursprünglich entlang der Südostseite der L 870, der alten Chaussee von Cloppenburg nach Oldenburg, auf die noch bestehende Kreyenbrücke zu – daher auch die Stadtteilbezeichnung Kreyenbrück. Diese alte Teilstrecke der Hunte wird heute vom Osternburger Kanal eingenommen, der bereits unter Tideeinfluss steht und bei Bedarf über ein Abschlagbauwerk von der höher gelegenen Neuen Hunte Wasser aufnehmen kann.

Die Neue Hunte wurde in den siebziger Jahren des 19. Jahrhunderts von Tungeln aus nach Westen verlegt. Durch ihren Ausbau mit gleichzeitiger Bedeichung konnte ihr Wasserspiegel erhöht werden, um die Rieselwirtschaft in der Tungeler Marsch sicher zu stellen.

Tungeln – Abschlagbauwerk der Hunte am Osternburger Kanal

Als um 1927 der Küstenkanal gebaut und die Neue Hunte an ihn herangelegt wurde, musste ihr Wasserspiegel nochmals erhöht und dem gleichbleibenden Wasserstand im Küstenkanal auf 5 Meter NN (5 Meter über dem Meeresspiegel) angepasst werden. Ein Verbindungsbauwerk am Achterdiek ermöglicht seither einen Ausgleich der Wasserstände zwischen der Neuen Hunte und dem Küstenkanal. Dieser gibt sein Wasser an der Schleuse ab und sichert die Berg- und Talfahrt für die Kanalschifffahrt. Die Neue Hunte leitet ihr Wasser über die Turbinen des Kraftwerkes, nimmt dann noch den Osternburger Kanal auf und vereinigt sich rund 600 Meter unterhalb der Schleuse und des Kraftwerks mit dem Küstenkanal. Alle Wasserströme unterliegen nun dem Einfluss der Tide.

Auf seinen letzten 1200 Metern unterquert der Küstenkanal im Stadtgebiet von Oldenburg die Cäcilien- und die Amalienbrücke, bevor er in die Hunte einmündet, die nun als Seeschifffahrtsstraße auf ihren letzten 22 Kilometern der Weser zustrebt.

Oldenburg – Schleuse im Küstenkanal

Oldenburg – Wasserkraftwerk in der Neuen Hunte

Oldenburg – Einmündung des Küstenkanals in die Hunte

Was blieb von der alten Hunte, soweit sie nicht im Osternburger Kanal und in der Neuen Hunte aufging? Ein Rest von ihr ist als so genannte Mühlenhunte erhalten. Sie wird heute oberhalb der Schleuse vom Küstenkanal gespeist und schlängelt sich am Huntebad, am Schlossgarten und am Paradewall vorbei. Dort wird sie verrohrt, öffnet sich noch einmal und wird von einer Staumauer abgeschlossen. Durch Rohrleitungen fließt das Wasser der Mühlenhunte dann dem Mündungsschöpfwerk der Haaren zu und wird hier in die Tidehunte entlassen. Von der einstigen Romantik ihrer Einmündung in den alten Hafen von Oldenburg am Stau und am „Jordan" blieb nichts erhalten.

Oldenburg – Mühlenhunte am Schlossgarten

Oldenburg – Die Huntestraße an der Mühlenhunte

Oldenburg – Das Ende der Mühlenhunte, der so genannte „Jordan"

Am Stau in Oldenburg

Wir sind auf dem Jade-Wanderweg in Oldenburg angekommen und werfen einen kurzen Blick auf die Entstehung und Entwicklung der alten Residenzstadt.

Die Topographie der Stadt und ihrer Umgebung macht deutlich, wo sich erste Siedlungskerne bilden konnten: Von Nordwesten her stößt ein Ausläufer des Ammerländer Geestrückens auf das Huntetal, der an seinem Südrand einen Seitenfluss, die Haaren, auf die Hunte zuführt. Am Zusammenfluss beider Gewässer bildete sich ein Werder, auf dem Geestsporn bauten Siedler die ersten Hütten. Hunte und Haaren waren die Lebensadern, die mit ihrem Fischreichtum den Anrainern eine dürftige Existenzgrundlage bieten konnten.

Das wurde besser, als – wohl im 11. Jahrhundert – die Grafen der Grenzmark Sachsen-Friesland auf dem Werder eine Wasserburg erbauen ließen und hier ihren dauernden Wohnsitz nahmen. Urkundlich erwähnt wird diese Wasserburg als „Aldenborg" im Jahre 1108, nach der sich das Grafenhaus fortan benannte. An einer schmalen Stelle des Huntetales konnte in der Nähe der Burg der Fluss auf einer Furt überquert werden. Hierüber führte der Handelsweg von Bremen und Wildeshausen nach Friesland, er konnte somit gut von den Grafen überwacht werden. Im Schatten der Burg entwickelte sich eine Siedlung, die im Jahre 1345 Stadtrechte erhielt und sich nach Norden erweiterte.

Von den Schrecken des Dreißigjährigen Krieges blieben Stadt und Grafschaft weitgehend verschont. Das verdankten sie der klugen Neutralitätspolitik des Grafen Anton Günther, unter dessen Herrschaft von 1603 bis 1667 die Stadt aufblühte. Erhalten aus dieser Zeit ist das Renaissance-Schloss, das an der Stelle der Wasserburg errichtet wurde.

Blick vom Paradewall auf das Oldenburger Schloss

Da der Graf keinen legitimen Erben hinterließ, fiel sein Besitz zum überwiegenden Teil an das verwandte dänische Herrscherhaus. Oldenburg war keine gräfliche Residenz mehr, sondern nur Sitz eines dänischen Statthalters.

Es folgten Jahre wirtschaftlichen und kulturellen Niedergangs, dessen Ursache nicht allein der dänischen Herrschaft anzulasten ist. Der große Stadtbrand von 1676, der die Stadt fast vollständig zerstörte, Seuchen – wie die Pest – und verheerende Sturmfluten nach Deichbrüchen am Unterlauf der Weser wurden auch als Gottesstrafen empfunden.

Ein glücklicher Zufall führte 1774 nach einem Ländertausch zwischen Dänemark und Russland zur Erhebung der Doppelgrafschaft Oldenburg-Delmenhorst zum Herzogtum Oldenburg, das an die jüngere Linie des Hauses Holstein-Gottorp fiel.

Ihre Fürsten – vor allem Herzog Peter Friedrich Ludwig und Großherzog Paul Friedrich August – haben für den Ausbau und die Verschönerung der Stadt Oldenburg, ihrer Residenz, viel geleistet. So wurde das Schloss mit einem Kranz klassizistischer Gebäude umgeben und der Schlossgarten angelegt.

Die Schlosswache in Oldenburg

Großherzog Paul Friedrich August regierte, als Karl-August Mayer schrieb:

„....Es wohnt der Fürst von Oldenburg –
Ich darf es sagen ohne Scheu –
In einer selten schönen Burg,
Gebaut aus uns'rer Lieb und Treu'.
Sein Name glänzt bald siebzig Jahre
So rein, wie seine Silberhaare.
In einer Zeit, wo Berge wanken,
Die man für Säulen hielt der Welt,
Wo Throne schwach wie Schifflein schwanken,
Und Fürstenhaß die Herzen schwellt,
Wo schwarzer Sturm noch brütet fern:
Blinkt heiter, wie zuvor, sein Stern.
Er hat in jenen heißen Tagen
Sein Opfer zum Altar getragen,
Und trägt nicht Schuld am schnöden Spiel,
Wodurch von Neuem Deutschland fiel..."

Es ist bedauerlich, dass nach dem 2. Weltkrieg, den die Stadt fast unzerstört überstand, viele dieser Gebäude abgerissen wurden, um modernen Einrichtungen Platz zu machen.

Als 1918 der letzte Großherzog – Friedrich August – abdankte, wurde das Land Oldenburg Freistaat und behielt Eigenständigkeit bis 1946.

Oldenburg wurde dem Land Niedersachsen angegliedert, zunächst als Verwaltungsbezirk, dann im Zuge der Gebiets- und Verwaltungsreform 1978 Teil des Regierungsbezirks Weser-Ems mit der Stadt Oldenburg als Verwaltungszentrum.

Von Oldenburg
bis an die Weser

Wir verlassen Oldenburg und folgen der Hunte flussabwärts. Die Hafenanlagen begleiten uns bis zum neuen Osthafen. Der Hafen hat sich zum umschlagstärksten Binnenhafen Niedersachsens entwickelt. Hauptumschlagsgüter sind neben Getreide und Futtermittel Kies, Sand und Düngemittel.

Der befestigte Deichweg am Nordufer der Hunte führt uns an die über 30 Meter hohe Autobahnbrücke im Zuge der A 29. Oben blicken wir zurück auf die Silhouette der Stadt mit ihren Hafenanlagen, unter uns fließt die Hunte breit und gemächlich dahin. Küstenmotorschiffe und Sportboote beleben den Fluß. Beidseitig ist er bedeicht, seine Böschungen sind mit grobem Steinmaterial befestigt und gesichert.

Weit nach Osten dehnt sich die Moor- und Marschebene der Hunteniederung. Das Land liegt nur in Meeresspiegelhöhe, stellenweise darunter. Nur durch die Deiche wird es gegen das tägliche Tidehochwasser geschützt. Und doch tritt bei Sturmfluten und anhaltendem Hochwasserstand immer wieder der Fall ein, dass Land überflutet werden muss. Wenn dann die Tore des Huntesperrwerks bei Elsfleth geschlossen bleiben, gleichzeitig aber Oberwasser von der Hunte aufgenommen wird, müssen ihre Wassermassen gezielt in Polderflächen geleitet werden. Durch die Überflutung der Polder, die vor allem nördlich der Huntelaufs eingerichtet wurden, wird das übrige Land gegen eindringendes Hochwasser geschützt. Noch im Februar 1962 wurden weite Flächen der Stadt Oldenburg nach einer Sturmflut unter Wasser gesetzt.

Der Hafen in Oldenburg aus Sicht von der Eisenbahnbrücke

Die Hunte und der Oldenburger Osthafen

Die Autobahnbrücke über die Hunte bei Oldenburg

Wir setzen unseren Weg auf der Südseite der Hunte fort, passieren den Rand des Blankenburger Holzes und erreichen bald Kloster Blankenburg. Diese Bezeichnung blieb, doch sonst erinnert kaum noch etwas an die Zeit, als hier bis zum Beginn der Neuzeit ein Kloster für Dominikanerinnen bestand. Ein armseliges Leben müssen die Nonnen geführt haben, stets von Wasser, Kälte und kriegerischen Einfällen bedroht. Ein sehr kunstvoller und vor einigen Jahren vorbildlich restaurierter Flügelaltar des ehemaligen Klosters – vermutlich aus der Schule des „Meisters von Osnabrück" und um 1525 geschaffen – befindet sich heute im Stadtmuseum Oldenburg.

Im 16. Jahrhundert wurde das Kloster gräfliches Vorwerk, später Armenhaus und in neuerer Zeit Heil- und Pflegeanstalt. Seit einigen Jahren dienen die Anlagen als Anlaufstelle für Asylbewerber.

Blick von der Autobahnbrücke ostwärts auf die Hunte und auf das Kloster Blankenburg

Blankenburger Flügelaltar im Oldenburger Stadtmuseum

Auf dem befestigten Deichsicherungsweg geht unsere Fahrt an Iprump vorbei auf Gellenerhörne zu, wo im 17. Jahrhundert die große Hunteschleife abgedämmt wurde. Sie ist noch weitgehend erhalten und vermittelt einen Eindruck vom alten natürlichen Lauf der Hunte.

Im Süden erkennt man die Hofanlagen der seit dem hohen Mittelalter besiedelten Moorhufendörfer Oberhausen und Holle. Der Name verrät es: Holländer waren die ersten Siedler, die von dem Bremer Erzbischof ins Land gerufen wurden. Die relativ schmalen und langgestreckten Landzuteilungen fanden ihre nördliche Grenze am Hunteufer.

Weiter flussabwärts fällt am Fuße des Binnendeichs ein Bauwerk ins Auge: das Schöpfwerk des Wüstenlander Siels.

Seine Pumpen treten in Aktion, wenn bei hohen Wasserständen in der Hunte eine natürliche Entwässerung nicht mehr möglich ist. Dann liegt der Spiegel des Huntewassers mehrere Meter über dem Land. Jetzt versteht man die jahrhundertelange Angst der Anwohner vor dem „Blanken Hans".

Südlich des Wüstenlander Siels durchragt eine Sanddüne die Moorniederung, der Holler Sandberg. Auf ihm erhebt sich die St. Dionysiuskirche, eine Saalkirche aus dem 13. Jahrhundert. Ihr Inneres birgt einen Schatz, der vor allem auswärtige Besucher anzieht. Es ist die Kanzel, ein Werk des berühmten Bildhauers Ludwig Münstermann. Sie wurde 1637 – also mitten im Dreißigjährigen Krieg – in der Kirche aufgestellt.

Das Wüstenlander Schöpfwerk in Holle

Blick vom Huntedeich beim Wüstenlander Siel

Die St. Dionysiuskirche in Holle

Das ehemalige Gut Münnich in Neuenhuntorf

Am Huntedeich entlang fahren wir weiter bis Neuenhuntorf. Der Ort lädt zum Verweilen ein. Eng aneinander gereiht bilden die Hofgrundstücke die klassische Form eines kleinen und übersichtlichen Marschhufendorfes, das im Westen durch eine verlandete Hunteschleife abgegrenzt wird. An ihrem südlichen Ende lag das adlig-freie Gut derer von Münnich. Das Wohnhaus aus der Zeit des Deichgrafen Anton Günther von Münnich (1650 – 1721) steht noch und wurde in jüngster Zeit von Bärbel und Gerd Logemann vorbildlich renoviert.

In diesem Haus wurde 1683 der zweitälteste Sohn des Deichgrafen, der nachmalige russische Feldmarschall Burchard Christoph von Münnich, geboren. Seine Lebensgeschichte gleicht einer Odyssee. Nach militärischen Diensten beim Landgrafen von Hessen und dem sächsischen Polenkönig August II. widmete er sich im Zarenreich unter Peter dem Großen dem Ausbau des Ladogakanals und der Neuorganisation des russischen Heeres, mit dem er erfolgreich Krieg gegen das Osmanische Reich führte. Nach dem

Regierungsantritt der Zarin Elisabeth wurde er des Hochverrats bezichtigt und nach Sibirien verbannt, aber nach zwanzig Jahren von Zar Peter III. begnadigt und wieder in seine Ämter eingesetzt.

Mit seiner Heimat hielt er stets Kontakt. Eine Rückkehr war ihm nicht vergönnt, er starb 1767 und wurde auf seinem Gut bei Dorpat beigesetzt.

Inmitten des Dorfes liegt die St. Marienkirche, die als Saalkirche um 1500 in Backstein errichtet wurde. Der Kirchturm – aus gleichem Material – wurde erst 1736 erbaut. Ein geschnitzter Flügelaltar aus der Entstehungszeit der Kirche und die im 17. Jahrhundert ausgemalte Eichenbalkendecke bestimmen das Kircheninnere.

Die St. Marienkirche in Neuenhuntorf

Deichgraf Anton Günther von Münnich ließ sich noch zu Lebzeiten ein Grabmal aus Oberkirchner Sandstein anfertigen. Es steht nur wenige Meter nordöstlich der Kirche und stellt durch seinen reichhaltigen figürlichen Schmuck eines der wenigen erhaltenen Zeugnisse barocker Grabmalkunst im Oldenburger Land dar.

Das Grabmal von Münnich an der St. Marienkirche in Neuenhuntorf

Wir lösen uns von dem historisch interessanten Ort und fahren auf Huntebrück zu. Eine Hubbrücke im Zuge der B 212 ermöglicht Schiffsverkehr auch bei hohem Wasserstand in der Hunte.

Es wäre ein Leichtes, jetzt auf der B 212 das nur vier Kilometer entfernte Elsfleth zu erreichen. Wir wählen aber einen Umweg entlang der alten Hunteschleife über Dreisielen. Über drei Siele wurde einst die Entwässerung des östlichen Stedinger Landes in die Hunteschleife geregelt. Seit 30 Jahren fasst ein neuer Siel mit Schöpfwerk, der Lichtenberger Siel, die Funktion der alten Siele zusammen.

Auf der schmalen Brücke bei Dreisielen genießen wir den Blick auf die alte Kulturlandschaft des Marschenlandes. Rechts der Hunte geht es über Wehrder und Ohrt weiter bis an die Westergate, einen vor Jahren abgedämmten Nebenarm der Weser. Sein Unterlauf geht am Elsflether Tidehafen die Verbindung mit der Hunte ein. Wir nähern uns auf der Deichsicherungsstraße des Elsflether Sandes dem Endpunkt unsere Reise.

Treibeis auf der Hunte bei Huntebrück

„...Wie du, mein Fluß, der Weser Arm
Vor Elsfleth dort entgegeneilst,
Und ungeduldig der Schiffe Schwarm,
Die mächtige Maste wiegen, theilst;
Wie dann die Weser ins Deutsche Meer
Die Urne schüttet, von Wogen schwer:
So werden Deutschlands irre Söhne,
Lang ringend noch in Noth und Schmerz,
Sich sammeln um der Mutter Herz,
Um neu zu blühen in Kraft und Schöne."

(K.-A. Mayer)

Elsfleth – Blick von der Westergate auf Hafen und Stadt

Zur Linken erstreckt sich am jenseitigen Hunteufer die Hafenstadt Elsfleth, rechts fliesst der Weserstrom an uns heran. Vor uns taucht das Huntesperrwerk auf. Die beiden Brückenarme sind hochgeklappt und gestatten den ein- und auslaufenden Schiffen ungehinderte Durchfahrt. Seit 1979 ist das Sperrwerk in Betrieb und verhindert bei anhaltendem Hochwasser das Eindringen des Weserwassers in die Hunte. Hierzu werden die Stemm- und Segmenttore geschlossen.

Wir stehen vor dem imposanten Wasserbauwerk, blicken auf die Mündung unseres Heimatflusses in den breiten Weserstrom und warten darauf, dass die Brückenarme sich senken und die Überfahrt nach Elsfleth freigeben.

In ihrem Kern hat die Stadt viel von ihrer Eigentümlichkeit bewahren können. Unaufdringlich mischen sich moderne Gebäude und Einrichtungen mit der alten Bausubstanz – merkwürdig die Nikolaikirche mit ihrem hakenförmigen

Das Huntesperrwerk bei Elsfleth

Blick vom östlichen Weserufer auf das Huntesperrwerk bei Elsfleth

Grundriss und den Grabstelen auf dem anliegenden Friedhof. Ein Denkmal zwischen dem Rathaus und dem Hafen erinnert an die napoleonische Zeit, als von hier aus im Jahre 1809 der Herzog von Braunschweig-Oels mit seinen 2000 Soldaten auf Elsflether Schiffen nach England entkam.

Und dann war da noch der Weserzoll, der in Elsfleth von 1623 bis 1820 erhoben wurde, sehr zum Leidwesen der Bremer Kauf- und Handelsleute. Als Ausgleich für den Fortfall des Weserzolls erhielt das Herzogtum Oldenburg die Ämter Vechta, Cloppenburg und Wildeshausen.

Elsfleth ist auch Standort der 1832 gegründeten Navigationsschule – heute als Fachbereich Seefahrt Teil der Fachhochschule Oldenburg-Ostfriesland-Wilhelmshaven – und Liegeplatz des Segelinternatsschiffs „Großherzogin Elisabeth".

Als letzte Station unserer Reise ist Elsfleth einen Besuch wert!

Die St. Nikolaikirche in Elsfleth

Elsfleth – Das Denkmal am Hafen für Herzog Friedrich Wilhelm von Braunschweig-Oels

Elsfleth – Das Segelinternatsschiff „Großherzogin Elisabeth"

Schluss

Die Hunte hat uns auf ihrem 162 Kilometer langen Lauf begleitet – durch Bergland, Geest, Moor und Marsch. Was uns auffiel, haben wir in Bildern festgehalten und in gebotener Kürze beschrieben. Manches blieb unentdeckt oder konnte aus Platzgründen nicht aufgenommen werden.
Sollte dieser Bildband dazu anregen, eigene Wege im Huntetal zu suchen und die Schönheiten – es gibt sie ja immer noch – unserer Heimatlandschaft aufzuspüren, so wäre dies ein schöner Erfolg unserer Arbeit.

Oldenburg, im Sommer 2003

Karl Heinz Hegeler
Hans Gerd Hegeler-Burkhart